Allelia Joy

Meine Botschaft ist die Liebe

Allelia Joy

Meine Botschaft ist
die Liebe

„Allelia Joy" ist ein Pseudonym. Der Autor ist namenlos. Er ist der Eine in DIR und MIR, im DU und im ICH, im MEIN und im DEIN. ER ist *wir* und *wir sind* alle das Eine, das eine Universelle Licht. Die Identität von Allelia Joy bleibt also unausgesprochen, da sie nur eine von vielen Vergänglichkeiten ist.

JOY ist die Freude,
die grenzenlose Freude in Gott.

J

steht für *JESUS*, den Sohn des Vaters.

O

steht für *the OTHERS*, für die anderen, die du bist.

Y

steht für *YOU*, es ist das, was du bist.

Dieses Buch ist dem universellen Geist und der Göttlichkeit in allen Wesen gewidmet.

Ein herzliches Dankeschön an meine wunderbare Familie und an Marion für die liebevolle Gestaltung des Buches.

1. Auflage
2020 © Allelia Joy

ISBN: 978-3-7519-2481-8

Die Deutsche Nationalbibliothek verzeichnet diese Publikation
in der Deutschen Nationalbibliografie; detaillierte bibliografische Daten
sind im Internet über www.dnb.de abrufbar.

Buchgestaltung und Cover: www.layart.li
Umschlagmotiv und Illustration: © fotolia.com, pixabay

Herstellung und Verlag: BoD – Books on Demand, Norderstedt
Made in Germany

Dieses Büchlein wird dich liebevoll und mit ganz einfachen Worten, sanft und ganz still in dein Herz begleiten. Den Zauber der göttlichen Liebe erfährst du, wenn du in die Stille deines Herzens eintauchst und dort verweilst. Dein wahres Ich ist die Liebe deines Herzens, die Liebe, die du bist. Diese Liebe ist ein Geschenk, ein Wunder und ein Geheimnis. Dieses Geheimnis kann nur von dir selbst in deinem Herzen entschlüsselt werden. Darum sei dankbar für diese göttliche Liebe, wo immer sie dir auch begegnen mag und wo immer sie erblüht.

Sehnst du dich auch danach, ein Botschafter der Liebe zu sein? Dann beginne HIER und JETZT damit, dass dein Leben zu einer einzigen Liebesbotschaft wird.

„Die Liebe ist der Endzweck der Weltgeschichte, das Amen des Universums."

Novalis

Ich **sage dir: Das Höchste ist die Liebe.** Der Inhalt dieses Buches entspringt der inneren Quelle der Liebe. Der, der die Liebe ist, spricht zu dir. Deine spirituelle Reise beginnt hier und jetzt. Die göttliche Liebe gilt als Ziel deines reinen Herzens. Diese Liebe ist der Anfang und der Beginn, das Ende und das Aus, das Leben und der Tod. Sie wohnt in allem, wirkt durch alles, strahlt durch alles hindurch und über alles hinweg.

Die Liebe ist die Einheit und die Mannigfaltigkeit, sie ist das, was du bist!

Gottes Liebe erstreckt sich auf alle Seine Geschöpfe in gleicher Weise, denn alle erschaffenen Dinge manifestieren sich *in und als* Gott, genau wie der Mensch sich *durch und aus* Gott manifestiert. Alle Wesen atmen und diese pulsierenden Wellen gehen mit dem universellen Dasein einher. Sie sind der vollkommene Ausdruck Gottes, ein unendlicher Liebesgedanke, ein nimmer enden wollender Lobgesang der allerheiligsten Kraft.

„Die Seele kann erst dann
Gott wirklich erkennen,
wenn sie selbst Gott wird."

Meister Eckhart

Gott ist der einzige wahre Guru, der nicht getrennt von dir existiert. ER ist es, der in deinem Herzen wohnt, sich in allem niederlässt und einkehrt in das ungeläuterte Menschenherz. ER atmet dich, bringt dein Herz zum Schlagen und legt dich abends sanft zur Ruh. Der „Guru" ist der Ruf des universellen Geistes, der nur in deiner Sehnsucht wohnt, um eines Tages in die Freiheit auszubrechen. Der Guru ist der Zuruf, hörst du Ihn? Bist du bereit?

ER ist immer bereit, dich zu führen und dir zu helfen. ER ist für dich da. Gott ist in dir, um dich herum und jenseits von dir. Gott ist nicht mit Worten zu beschreiben, ER ist und bleibt unbeschreiblich. ER ist jenseits aller Worte und jenseits aller Bilder. ER weilt in jedem Menschenherzen, als die einzige und ewige Liebe. Nur die Liebe kann den Menschen in ein göttliches Wesen verwandeln, das den Willen Gottes vollkommen nach außen reflektiert, das sich in Ihm, als sich selbst ergibt. Die Sprache der Liebe wird von allen Herzen gesprochen und nur dort verstanden, wo es kein Verstehen mehr gibt.

Liebe kennt keine Angst, keine Unwahrheit und keinen Kummer und doch ist sie der Ursprung aller Dinge. Liebe ist heilig. Liebe ist kraftvoll und rein. Liebe ist.

„Ein Gebot gebe ich euch,
dass ihr euch untereinander
liebet, wie ICH euch geliebt habe,
auf dass auch ihr einander
lieb habt."

Joh. 13,34

*L*ebe für die Liebe, lebe in Liebe und würdige sie. Liebe kannst du nicht außerhalb deiner selbst finden und wenn du dein Selbst findest, dann begegnest du Gott und Gott ist die Liebe in dir. Gott als die Liebe kann nicht erworben oder besessen werden, denn Gott ist schon ewig in dir. Durch dich erstrahlt Sein gigantisches Licht und ermuntert dein Herz, dich *als ER,* als Sich Selbst, zu spüren. Seine Stimme flüstert aus der Stille deines Herzens. Hörst du es?

Seine Stimme spricht zu allen Kreaturen. Sei still und du wirst das Flüstern hören!

Liebe ist alles, was erforderlich und erstrebenswert ist, sie ist der himmlische Vater! Die Lehre der Liebe offenbart sich durch Jesus, den Christus, der als segensreicher Lichterfunken in deinem Herzen auf den Ausbruch deines Feuers wartet. Empfange Ihn und entfache die Liebe in dir. Jetzt!

„Liebe ist Gott, Gott ist Liebe. Wo Liebe ist, da ist Gott offenbar geworden."

Sai Baba

Dein Herz kennt den Weg der wahren Bestimmung. Folge dem Pfad, der die Weisheit des Herzens genannt wird. Der Weg ist in dir. Die göttliche Liebe und Gnade sind grenzenlos. Sie stehen dir in jedem Augenblick zur Verfügung. Nimm dieses göttliche Geschenk dankbar an.

Liebe allein IST.
Licht allein IST.
Liebe und Licht sind EINS in Gott.

Der Mensch kann die Liebe nur erkennen, indem er Gott erkennt. Gott ist Liebe, wer Gott liebt, lebt in der Liebe. Du bist Liebe. Ich bin die Liebe. ICH BIN der wir sind.

„Menschliche Liebe ist egoistisch – Göttliche Liebe ist bedingungslos!"

$\mathcal{D}$ie höchste Liebe ist die innigste Liebe zu Gott, die aufrichtige Suche nach Ihm, dem Einen. Die selbstlose Liebe verlangt und nutzt nichts für persönliche Zwecke, denn Besitztum, Verlangen und Begierde sind ihr fremd. Wer die göttliche Liebe in sich trägt, ist mit den höheren Welten verbunden und er sieht klar und er ist stark. Du bist stark, weil du liebst. Du bist stark, wenn du liebst.

Liebe ist die größte Macht im Weltenall. Sie ist die aufbauende und verbindende Kraft. Es ist die Kraft der Liebe, die dir Frieden und ewiges Leben schenkt. Es ist Gott. Gott ist die große Wirklichkeit, denn ER ist alles, was IST!

„Liebe ist ohne Anfang
und ohne Ende. Liebe kennt
keinen Tod. Liebe ist unsterblich,
sie ist ewig!"

Die menschliche Liebe ist nur ein Abglanz der göttlichen Liebe und dem Irrtum unterworfen. Wahre Liebe ist ein Geschenk Gottes. Liebe ist in allem Sein, Sein ist Liebe. Liebe ist universell, Liebe ist göttlich. Gott und die Liebe sind nicht trennbar. Liebe und Gott sind Eins. Sie ist in Ihm und ER ist in ihr. Liebe ist großartig und doch einfach.

Liebe urteilt nicht, sie ist freundlich.
Liebe rühmt sich nicht, sie ist bescheiden.
Liebe erwartet nichts, sie ist geduldig.

Die Liebe ist das oberste Gesetz des Lebens, sie ist das Leben selbst. Liebe dein Leben und lebe die Liebe, mehr ist nicht zu tun.

„Du sollst den Herrn,
deinen Gott, lieben, von
ganzem Herzen, von ganzer Seele,
mit deiner ganzen Kraft."

5. Mose 6,5

*J*eder Mensch muss die Liebe und das Licht für sich selbst entdecken. Liebe erkennt Liebe, Licht erkennt Licht, es trägt diese Erkenntnis in sich. Niemand vermag das in Worte zu fassen, denn die Liebe ist jenseits des Wortes. Das Endliche kann das Unendliche nicht erfassen und das Unendliche das Endliche nicht, wobei das Unendliche das Endliche umfasst, ohne darin wirklich zu sein. Menschlichkeit und Göttlichkeit bestehen gleichzeitig und sind untrennbar miteinander vereint.

Es sind die positiven und negativen Pole, die das duale Netz bilden, aus dem du dich befreien kannst. Es ist eine Befreiung aus der Freiheit, denn gefangen warst du nie! Es ist dein Weg, es ist der Weg, von der Menschlichkeit in deine Göttlichkeit hinein zu erwachen. Liebe mit deiner göttlichen Liebe, Liebe aus ganzem Herzen und habe keine Angst, deine Liebe zu zeigen. Liebe mit deiner ganzen Kraft, liebe alles, was ist, und alles, was sein wird!

Liebe nicht Gott, sondern liebe als Gott. ER ist der lichtvolle Stoff, der alles durchdringt, was aus Ihm gewoben ist. Behüte sie dir, die Liebe, und sei frei. Gib Liebe, gib Liebe, gib Liebe.

„Niemand ist gut,
außer Gott allein!"

Niemand ist gut, außer Gott allein, heißt nicht, dass du schlecht bist, denn es gibt nichts außer Mich. Und Ich sage dir: Es gibt keinen Gott außer Mich. Du sollst keine anderen Götter neben Mir haben, keinen anderen Führer noch Lehrer und auch keine anderen Unterweisungen.

Ich allein bin der Weg. Ich allein bin die Wahrheit. Ich allein bin hier!

ICH BIN hier, der EINE, den du suchst.
EIN SELBST. EIN SEIN. EIN ICH. EIN LEBEN.
DEIN LEBEN.

ICH BIN in dir als deine Offenbarung. Ich bin die Liebe, die sich als Leben tarnt. Ich bin dir näher als der Atem, näher als deine Hände und näher als dein Gesicht! Ich bin der Ich bin. Ich bin der Gesuchte! Du hast dich *in Mir* gefunden, denn du bist ICH SELBST!
Und betest du den Meister an, betest du zu Mir. Und betest du andere Götter an, dann betest du zu Mir und betest du die Schriften an, dann betest du zu Mir, denn ich bin in allem. Warum also diese Umschweife? Warum wählst du nicht gleich den direkten Weg?

„Das Selbst
als das Ganze ist Allmacht,
Allwissenheit und Allgegenwart."

Der Mensch ist die Dualität. ICH BIN die untrennbare Einheit. ICH BIN Neutralität.

Der Mensch lebt in Trennung. ICH BIN die Einheit. ICH BIN ein vollständiges und unteilbares Ganzes.

Der Mensch lebt seine Wahrheit. ICH BIN die einzige Wirklichkeit. Die Wirklichkeit Gottes beinhaltet eine Vielfalt an Wahrheiten und bringt sie hervor.

Der Mensch sucht Gott. ICH BIN Gott, dein Ureigenstes.

Der Mensch lebt im Schatten. ICH BIN das Licht. ICH BIN ist alles, was ist.

Der Mensch fühlt sich einsam. ICH BIN alles an dir und alles von dir. ICH BIN im Schmerz, im Leid, im Trost, im Frieden, im Klang. ICH BIN Einheit.

Der Mensch zweifelt. ICH BIN dein Ich. ICH BIN dein Herz, deine Seele und dein Sein.

Das ICH BIN ist wahrlich der Christus in dir, der Erlöser der einzigen Gnade. Als König der Könige, als Herr der Herzen, als ewige Güte steht ER vor dir! ER leuchtet durch dich immerdar, denn der Vater, der Sohn und der Heilige Geist sind Eins. Ein SEIN in Sich!

„Wo dein Herz ist,
da ist auch Gott!"

Mensch erwache zur Tatsache hin, denn du bist nicht die Welt! Du bist in dieser Welt, aber du bist nicht von dieser Welt! Alle Sinneswahrnehmungen sind Erscheinung, Täuschungen deines Bewusstseins. Die scheinbaren Erscheinungen zu durchschauen, ist dein Auftrag. Dies sollte dich kümmern, alle anderen Kümmernisse lass ruhen. Sie sind nicht wirklich, sie sind nicht wahr. Nicht nach Gott Ausschau zu halten, wäre töricht, denn dein Versprechen in Gott einzugehen, sollte eingelöst werden. In den Irrbildern stecken zu bleiben, ist verlockend, denn gar verführerisch reizt das irdische Gut. Doch der Glanz ist vergänglich und ICH BIN der wahre Glanz der Unvergänglichkeit.

ICH BIN das Bleibende. Die Welt ist nicht real. Es ist das Ego, das die Welt real macht. Steige aus deinem Drama aus und sei du Selbst im göttlichen Selbst. Alles ist Teil der großen Illusion. Die Welt ist eine Welt der Dualität, aber der absoluten Realität sind so etwas wie Dualität und Trennung fremd. Es gibt nur Einheit! Lasse alles los und halte an nichts fest! Du bist alles, was ist. Alles ist gut!

„Ich lasse ab und
erkenne jetzt:
ICH BIN Gott und nicht
der Mensch!"

Wer ist in Wahrheit der Meister? Nur Gott allein!
Doch wisse, Gott zeigt sich durch alles und steckt in
allem! Der aufrichtige Weg ist der, dem Meister aller
Meister, nämlich Gott selbst nachzustellen. Ein wahrer
irdischer Meister hat die Herrschaft über sich selbst,
über sein Leben, über seinen Körper und seinen Geist.

Er beherrscht seine Gedanken, ohne es zu wollen.

Er verrichtet seinen Dienst, ohne etwas zu tun.

Er ist Meister seiner Seele, ohne sich anzustrengen.

Er lebt nicht sein Leben, sondern das Leben Gottes.

Er lebt nicht, er wird durch den universellen Geist gelebt!

Er ergibt sich allen Umständen und Bedingungen des Daseins.

Er ist unabhängig und frei, über alles erhaben.

Er kennt keine Sorgen, Nöte und Ängste.

Er löst Probleme nicht, sondern durchschaut sie.

Er hat das Mysterium der Existenz durchdrungen.

Er kennt die Wirklichkeit.

Er trägt die unantastbare Kraft und Stärke in sich.

Er ist ein Meister des Wissens und höchster Erkenntnis.

Er ist ein Meister der Liebe.

Er ist voller Güte und Gnade.

Er weiß, dass die göttliche Allmacht sich durch ihn verwirklicht.

Er erkennt alles als das Göttliche an, durch das er wirkt.

Er weiß, dass er nichts weiß und lebt in der Einheit, in Gott.

Sein Geist ist frei. Seine Liebe ist unermesslich. Todesfurcht ist ihm fremd, denn er weiß, dass er unsterblich ist. Nichts kann ihn erschüttern, denn ihn führt nichts in Versuchung.

Gottes Liebe und Wille drücken sich durch sein Leben und durch seine Tätigkeit als Wirken aus.

„Die spirituelle Kraft
ist die Kraft, Gutes zu tun!"

*E*rinnere dich an die innere Gegenwart Gottes und ströme in Sie zurück, damit Sie durch dich fließen kann. Lausche der inneren Stimme Gottes, die ICH BIN. Fühle die Grenzenlosigkeit Gottes, die du bist und die ICH BIN. Sei dir deiner gewahr und münde in Gewahrsam, in dir ruhend, in Mir seiend, still. Dieses absichtslose Ziel sollte auch dein Bedürfnis sein, denn meine Sehnsucht nach dir ist die deine, die deinem tiefsten Seelengrund entspringt.

Alles Äußere, Unwesentliche und Trügerische lass los, es gibt nichts von Bedeutung. In dir findest du Mich, den Frieden. Und dieser Friede macht Mich frei. Identifiziere dich mit Gott, durch Mich und als ER, und erfahre Harmonie, Inspiration und Liebe.

Und so kannst du dir gewiss sein: „Gott ist mein Zeuge, der nichts bezeugt. Gott ist mein Retter, der mich nie in Bedrängnis sah. Gott spendet mir Trost, der mich niemals leidend vernommen."

Deine Empfindungen sind Ihm fremd, denn für Ihn bist du ein vollkommener Funke des Lichts, Seiner Überseele. Und nun sprich: „Mein Leben lege ich in Seine Hände und vertraue Ihm, in mir. Ich denke licht, sehe Licht, höre Lichtes und tue Lichtvolles." Frieden allem Wesentlichen, Frieden allen Wesen.

„Ich und Gott sind EINS.
Wir alle sind EINS –
EINS in Gott!"

$\mathcal{D}$as, was dein Leben ist, was dein Sein ist, was deine Seele ist, was dein Geist ist, ist Gott, denn Gott ist alles Leben. ER ist alles Sein, alle Seelen, der Geist, der ist, hier und jetzt in alle Ewigkeit. Beende deine Suche, denn ICH BIN das Gesuchte und der Suchende und du bist das ICH BIN. ICH BIN dein liebender Gott. Höre Meine Stimme in dir, lasse ab von der äußeren Welt, denn ICH BIN ALLES, was ist. Lasse dein Ego los und vor allem deine Anhaftung dazu, es ist nicht deine Wirklichkeit.

ICH BIN deine Wirklichkeit.
ICH BIN deine letzte Wahrheit.
ICH BIN dein Leben.
ICH BIN deine Liebe.
ICH BIN GOTT.

Ihr alle seid EINS!

„Wir sind alle von Gott
geschaffen, aus LIEBE.
Liebe ist die Sprache der Seele."

Eure wahre Essenz ist die Liebe. Alle Zellen eures Körpers sind voller Liebe. Ihr seid Liebe, vollkommen und ganz. Liebe ist das Heilmittel aller Schmerzen und Krankheiten. Liebe schafft Frieden in dir und in allen Herzen. Liebe ist Heilung für alle Menschen, Toleranz, Verzeihen und Vergebung. Sie ist das Sich-Erkennen, im göttlichen Strahlenglanz des scheinbaren Gegenübers. Und so schaut Gott sich selbst.

Akzeptiere das andere nicht, sondern erkenne dich als das andere, als das Eine strahlende Licht. Ströme Liebe aus, dann sind alle Wesen mit deinem Liebesstrom vereint. Liebe ist Licht und Wärme. Gott hat in deinem Zentrum des Herzens die Samen der Liebe gesät. Dort mögen sie wachsen und gedeihen und auf fruchtbaren Boden stoßen. Das Wasser ist Gott. Gott ist Liebe. Die Welt verändert sich nur durch die Liebe. Tue alles aus Liebe, tue alles mit Liebe, tue alles als Liebe, denn nur die Liebe zählt.

„Liebe ist das einzig wirklich Wahre im Leben. Alles andere ist Illusion. Es gibt nichts Höheres als die Liebe."

Osho

Meine Botschaft ist die Liebe. Lass dies auch deine Botschaft sein! Liebe und Gott erscheinen parallel. Sie sind der untrennbare Teil ein- und derselben Sinfonie. Gott ist der Berg und der Prophet. Gott ist das Echo des Universums. ER ist der Widerhall, ER ist die Quelle, ER ist in allem, ohne dabei nur irgendetwas zu sein. Wenn du in der Liebe bist, ist Gott da. Gott ist immer und überall. Alles, was existiert und nicht existiert, ist von Gott erfüllt, vollendet und durchdrungen in all Seiner Herrlichkeit: das Grün der Bäume, der Flug des Vogels und das Lachen eines Kindes.

Liebe macht aus dir eine Einheit, in der Einheit löst sich dein DICH auf, dann bist du nicht mehr Körper, nicht Verstand und nicht mehr Seele. In der Liebe verschwindet das, was du bisher glaubtest zu sein, es löst sich, voll und ganz. Dein Ego löst sich auf und du gehst in die Schatzkammer des Allmächtigen ein. Dieses Eingehen ist ein Zurückkommen, denn der, der einst *unerkannt* aus sich ausgegangen ist, kehrt *als das Erkannte* heim. Diese Auflösung ist Fülle pur und übertrifft jede irdische Idee von Fülle.

Das Ego ist die Täuschung, der Schein, die Farce. Die Liebe ist die Wirklichkeit.

„Erkenne die Göttlichkeit
in dir, nimm Gott in dir wahr!"

*W*enn Menschen sich begegnen, kommt Folgendes zum Tragen: *„Das Göttliche in mir grüßt das Göttliche in dir.“* Erkenne in jedem Wesen den göttlichen Funken, blicke hinter die Maske des menschlichen Bewusstseins.

Du bist göttliches Bewusstsein!
Du bist EINS mit Gott und dem Vater, der höchsten Intelligenz, dem großen Urgrund der bedingungslosen Liebe.
Du bist einzigartig, grandios und wunderschön.
Du bist wahrlich göttlich!

Und obwohl ich zu dir spreche, sehe ich nichts, was getrennt von mir existiert. Umarme die Göttlichkeit in dir und in allen Wesen. Sei das Licht und es wird in allen Menschenherzen erglühen. ICH BIN Licht, Liebe und Eins.

„Allein dass du bist,
ist ein Wunder!"

Ramtha

Du bist nicht dein Körper. Dein Körper ist nur dazu bestimmt, gewisse Dinge zu tun. Verschwende deine Zeit nicht mit dem Herausputzen und Abmühen deines Körpers. Lebe für deinen Geist, der deinen Körper lenkt. Dein Innerstes spiegelt sich in deinem Äußeren wieder. Nimm dich nicht so wichtig, nur dein Inneres zählt. Nimm dich zurück und reduziere deine Gebahren, sei einfach nur hier.

Deine Geschichte ist eine Geschichte von Ursache und Wirkung, von Kommen und Gehen, von Täuschung und Illusion, eine Geschichte eben. Beende die Geschichten und erhebe dich ins Licht. Gib dich nur der Liebe hin, sie allein zählt. Was Gott gibt, ist Liebe und was zurückfließt, soll Liebe sein. Das ist die göttliche Geschichte der Schöpfung, deine persönliche Geschichte ist eine andere!

„Einigkeit entsteht durch
das Geben und Zurückgeben
von Liebe."

Walter Russell

Universelle Brüderlichkeit ist das höchste Ziel auf Erden. Da ist nichts, das nicht deiner Seelenfamilie entspringt. In jedem Menschenherzen liegt das Verlangen nach Liebe, Glück, Frieden und Wohlstand. Die Menschenvölker sehnen sich nach Einigkeit und brüderlicher Liebe. Aber die menschliche Liebe trennt, weil Recht und Macht vordergründig sind.

Es ist die göttliche Liebe, die vereint und das Christusbewusstsein verbindet. Daher gibt es nur eine Religion, die Gott gleicht, und das ist die Religion der Liebe. Gott will nichts und Gott beurteilt nicht. Gott bewertet nicht und fordert nicht. Es ist nur das verdunkelte Menschenherz, das dies toleriert. Daher begrüße jegliche Darstellungsform deines Gegenübers und gestatte ihm sein Wirken. Mit der Liebe in deinem Herzen wird es möglich, du wirst es sehen. Ihr alle seid Brüder und Schwestern, EINS in Gott.

„Gott ist das Sein.
ER ist die Ursache alles
Seins. ER ist Schöpfer und
Geschaffenes, Ewigkeit
und Augenblick!"

*D*ie ganze irdische und kosmische Welt ist ein Ausdruck Gottes. Jede Form, auch die geringste, ist Ihm gleich. Diese schaffende Kraft ist der Geist, und der Geist ist Gott. Schöpfer und Schöpfung existieren nur in der Sphäre des Vorstellbaren, da, wo sich Ursache und Wirkung die Hand reichen. In der letzten Wirklichkeit gibt es weder Schöpfer noch Schöpfung, da Beobachter und Zeuge abwesend sind.

Einheit bedarf weder Ursache noch Wirkung, sie werden durch sie aufgehoben, sonst wäre die Einheit ihrem Wesen nicht gerecht. Die Ursubstanz deines Daseins ist die Liebe, diese Liebe entspringt aus dem Feuer der Einheit. Möge es nie mehr erlöschen und dein Ego verbrennen …

… damit es stirbt, bevor du tot bist.
… damit deine Wahrheit in die Wirklichkeit
    eingehen kann.
… damit es dich erlöst.

„Segne die Welt.
Segne die Menschheit.
Segne die Schöpfung.
Segne alles, was ist!"

All-Es ist von Göttlichkeit durchdrungen. Durch alle Wesen atmet Gott. Alles ist von göttlicher Liebe beseelt und durchdrungen. Durch alle Religionen wirken die Lichtstrahlen des Göttlichen. Ihr könnt euch zu einer Religion vereinen, der Religion der LIEBE. Da gibt es nichts und niemanden zu bekämpfen. Niemand hat recht. Keiner weiß mehr. Im Namen Gottes zu kämpfen, ist absurd. Wer für den Frieden kämpft, führt Krieg in sich selbst.

Auch Religionen nutzen das Wort *Gott* als wirkungsvollen Deckmantel, um ihre scheinheiligen Machtspielchen zu treiben. Es soll dich nicht kümmern. ER wird dieses Verhalten zur rechten Zeit korrigieren. Wenn ein Mensch einem anderen Lebewesen Schaden zufügt, es verletzt oder gar tötet, wird auch das revidiert werden. ER wird sich darum kümmern. Es ist nicht deine Aufgabe, danach zu trachten.

Alles Leben ist heilig, weil es von Gott kommt. ER lässt die Sonne über allem scheinen, weil ER zwischen „Gut" und „Böse" nicht unterscheidet.

ER ist das Licht, das durch dich strahlt, und wenn du dich fälschlicherweise als diese körperliche Erscheinung wahrnimmst, entstehen Konstellationen und Verhaltensweisen, die dem Licht fern sind. Du bist der Ausdruck Seiner Liebe. Du bist einer Seiner Lichtgedanken. ER weiß um dich. ER ist der Einzige, der dich wirklich kennt!

„Der Weg und das
Ziel sind Eins. Eins-Sein
ist ein liebendes Herz!"

*E*R wirkt durch das Werkzeug Mensch. ER wirkt durch dich als Sein Fleisch und ER ist dein Blut. Wenn du deinen Auftrag erkennst, Seinen Willen zu deinem machst und Ihn durch dich geschehen lässt, dann bist du EINS mit IHM.

Du musst dir keine Gedanken darum machen, was morgen ist, denn ER ist der Schöpfer in dir. Überlasse es ganz IHM, was geschieht. Welches Werk ER auch immer in dein Leben hinaustragen wird, ER handelt durch dich als dein Schöpfer. Und empfindest du trotzdem Kummer und Schmerz, dann finde Trost in Gott und trage die Last für Ihn, als Gott in dir. Sie kann nicht schwer genug sein, diese Last, denn es ist die höchste.

Es ist Zeit zu erkennen, dass wir Seine Stimme nur in der Stille hören können. Es gibt nichts zu tun, um in Sein Herz zu gelangen, denn ER ist in dir. Übungen, Therapien und geistige Akrobatik kannst du getrost sein lassen, Stille ist der Weg zu IHM. Alles wächst und reift in der Stille, im Kopf und im Verstand muss es still werden. In der Stille löst sich dein Ego auf. In der Stille weicht alles. Du bist Stille!

„Lerne zu lieben,
dazu seid ihr hier."

Mutter Maria

Lerne zu lieben, erfahre die Liebe, die Liebe zu deinem Leben – zu allem, was ist!

Mein Licht und Meine Liebe erleuchten deine Wege. Ich führe dich vom Schatten ins Licht. Das oberste Gebot habe Ich allen, auch dir, längst schon gegeben. Es ist an der Zeit, dass das Gesetz der Liebe gelebt wird. Nun sorge dafür! Du kannst es deinem Umfeld vorleben, indem du dich im Licht deines Nächsten selbst entdeckst.

Die Liebe Gottes bewegt das Universum und diese Liebe hält das Gefüge der Welt zusammen. Liebe, damit sie nicht auseinanderbricht.

Liebe grundlos. Liebe Mich um Meiner Selbst Willen. Entdecke Mich in allem.

Die Liebe wird dich führen, auf allen deinen Wegen, denn dein Weg ist Mein Weg und Mein Weg sei dein.

„Gott liebt ein reines
Herz. Ein reines Herz ist
die Quelle der Liebe."

Was will Gott von dir? Rein gar nichts!

Warum willst du etwas von Ihm?
Warum willst du nicht so, wie ER will?
Warum soll ER dir etwas geben, wenn du Ihm nichts gibst?

Ihm reicht deine Aufmerksamkeit. Schenke Ihm dein Herz und alles wird gut.

Warum suchst du Ihn nur dann auf, wenn du etwas willst, etwas brauchst, etwas erbittest oder etwas von Ihm erhoffst?

Ist das Liebe?

ER liebt dich bedingungslos und ER liebt dich um deiner Selbst Willen. ER ist immer bei dir, obwohl ER keine Ansprüche stellt. Ist das vielleicht die Antwort auf deine Frage, warum du Gott nicht erkennst, warum ER sich nicht zeigt und warum du Ihn nicht fühlen kannst? Wäre es nicht ratsam, den ganzen lieben Tag lang nach Ihm Ausschau zu halten?

Ein reines Herz ist Gott.

Ist es nicht unhöflich, sich nur in dunklen Momenten um Ihn zu bemühen?
Wie wäre es mit immer?
Ist dein Verhalten denn selbstlos? Nur Selbstlosigkeit heilt. Wie wäre es denn, wenn du dich genau so viel um Ihn kümmerst, wie ER in dir ist?

Warum du Ihn nicht fühlst? Wie denn auch, du bist ja aus Ihm ausgegangen und nur wenn du nach Ihm Ausschau hältst, wirst du Ihn über dein Herz in deiner Seele erreichen. Deine freudige und einzige Aufgabe in diesem Leben ist es, bedingungslos zu lieben. Willst du aussteigen aus dem Rad der Wiedergeburt, dann wird die Liebe dein Rettungsanker sein. Lieben heißt, zu dienen. Sei ein Diener für deinen Nächsten, für die Gottheit in ihm, das tut gut und heilt, also höre ihm zu. Sei geduldig mit dir selbst und auch mit deinen Mitmenschen. Gehe achtsam durch den Tag und habe ein offenes Herz. Lasse jeden Tag einen Tag der Liebe sein, denn ein Tag ohne Liebe ist ein verlorener Tag. Kennst du den Satz? Ja?

Dann lebe ihn, denn ihn nur zu kennen, reicht nicht aus. Liebe kannst du nicht finden. Liebe ist. Wahre Liebe ist frei von Wollen, Wünschen und Not. Liebe macht dich frei. Liebe ist frei.

„Liebe ist die größte Macht
im Weltenall. Sie ist die aufbauende und verbindende Kraft."

Leopoldine Prosch

$\mathcal{L}$iebe entsteht aus dem Feuer deines Geistes. Sie ist Licht, sie ist Leben. Sie ist unbegrenzt und ewig, denn sie ist das Herz im Herzen aller Dinge. Sie ist das Edelste, das es gibt. Sie ist die Krone des Lichts. Liebe ist das führende und schöpferische Prinzip. Das ganze Universum verdankt seine Existenz der Liebe, denn sie ist das Bindemittel im Weltenall.

Liebe ist die Kraft, die dem Licht der Erkenntnis entspringt und sich darin offenbart. Ohne geistiges Licht gibt es keine Liebe. Liebe erwärmt das Herz und spendet Glück, Freude und Glückseligkeit. Wahre Liebe ist das schönste Mittel zur Vervollkommnung im Zusammenleben mit allen Menschen!

„Wer immer strebend
sich bemüht, den können wir
erlösen!"

Johann Wolfgang von Goethe

Der Aufstieg vom Menschen zum Gottmenschen ist allen nach Licht suchenden Menschen möglich. Der mit dem Herzen sucht, wird finden, der im Außen sucht, geht leer aus. Liebe kann von der Weisheit nicht getrennt werden, denn Liebe und Weisheit sind Eins. Die Liebe zeigt sich als die größte Kraft, die alle Ideen in Wirklichkeit umsetzt und die wahren Fähigkeiten im Menschen erweckt. Durch die Liebe wird die Begeisterung zur höheren Welt des Lichts entfacht und die Kräfte zum Ausdruck des Schönen werden vermehrt. Die Gestaltung von Schönem ist die Vermehrung durch Liebe. Liebe und Schönheit sind miteinander vernetzt. Wenn Liebe die Ursache der Schönheit ist, wird diese ihr folgen. Nur die Liebe kann das Licht für die Schönheit entzünden.

„Liebe, die größte Macht
im Weltall, wird die
Menschheit retten."

Meister El Morya

*L*iebe ist Vergebung. Es gibt keine Schuld und keinen Schuldigen. Wie ist es dann mit Vergebung? Wenn du dem anderen vergibst, dann bist du noch immer der Annahme, er hätte etwas „falsch" gemacht. Warum sonst solltest du ihm vergeben? Vergeben und Verzeihen ist menschlich, denn es setzt Schuld voraus. Gehe in die Versöhnung, denn diese ist göttlich. Die Aussöhnung trägt die wahre Christus-Kraft in sich, denn der Sohn Gottes ist im Wort. Versöhne dich mit dem erhabenen Lichterglanz, der du bist, und Ablehnung und Widerstand werden abfallen, wie faule Früchte es tun.

Nur in der Dualität gibt es Gut und Böse, Schwarz und Weiß, Oben und Unten, in der Liebe aber gibt es nur die Einheit. Wenn die Menschen lernen, aus der Einheit zu leben, dann wird die Liebe sie in ein höheres Bewusstsein führen. Liebe ist der einzige Weg, der dich ins Paradies führt, in die Einheit, dorthin, wo deine wahre Heimat ist. Zu Hause in Gott. Willkommen in dir.

„ICH BIN die Auferstehung
und das Leben.
ICH BIN Tochter und Sohn
des EINEN Vaters!"

*I*hr alle seid Söhne und Töchter des Einen Vaters, denn Seine Liebe und Herrlichkeit dehnt sich auf jedes Seiner Kinder aus. Uneingeschränkt und ewig. In der Stille deines Herzens liegen alle göttlichen Gaben verborgen und nur in dieser Stille wirst du diese Gaben erkennen und für dich nutzen können. Richte deine ganze Aufmerksamkeit auf dein Herz, das Zentrum der Liebe, der Weisheit und der Kraft. Zieh dich täglich zurück aus der lauten, äußeren Welt und finde in der Stille deines Herzens Friede, Freude und Glück. Der Rückzug sollte aber nicht im Außen stattfinden, sondern in deinem Inneren, denn der Ursprung aller äußerlichen Dinge ist Stille. Wende dich also nicht von der Welt ab, denn in allem, was auf ihr beheimatet ist, wohnt Gott. Lebe in der Welt, doch wisse, dass du nicht von dieser Welt bist. Suche dein Glück nicht in der Welt, denn da wirst du nur Vergänglichem begegnen. Halte Ausschau nach Gott. Wenn du mit dem Herzen siehst, wirst du der Göttlichkeit aller Dinge und Umstände gewahr.

Dieses tiefe Glück, das du dann erfährst, hat mit irdischem Glück nichts zu tun, denn dieses Glück geht tiefer. Mögest du dich als Glückseligkeit und Frieden erfahren, denn nur dein wahres Sein kann als solches erstrahlen!

„Es gibt nur eine Religion
– die Religion der Liebe."

Sai Baba

Es gibt keine Religion, die besser ist als die andere. Alle Religionen sollten dich immer nur an den Ursprung führen und nicht weg von Ihm. Was von Gott wegführt und wo nicht das Höchste Eine verkündet wird, da ist Liebe abwesend. Es sollte Gott in dir geweckt und nicht deine scheinbare Schuld verurteilt werden. Wahre Religion trägt dich durchs Leben und drückt dich nicht nieder. Die Essenz aller Religionen ist die Liebe. Die Menschen haben andere Gesetze an die erste Stelle gesetzt. Sie haben Rituale, Dogmen und Überzeugungen erfunden und Menschen abhängig gemacht.

Gott kannst du nicht um den Finger wickeln, ER sieht in dein Herz. ER liebt alle Menschen und alle Religionen gleichermaßen, da ER durch alles wirkt. Was kann schon ohne Ihn sein? Es gibt kein auserwähltes Volk, keines ist besser, keines ist schlechter. Es gibt nur eine Menschenfamilie mit Brüdern und Schwestern und einem Vater-Mutter-Gott. Ihr seid alle Eins in Gott. Amen.

„Alles ist bereits
in dir, denn du bist
das Licht. Gott ist das größere
Licht und du das kleine. Sobald du
das Licht in dir siehst,
beginnt deine innere Reise."

Sant Kirpal Singh

Licht kommt vom Licht. In der Stille kannst du dein inneres Licht entzünden. Dein inneres Auge kann das Licht Gottes sehen, deinem äußeren Auge aus Fleisch und Blut bleibt es verwehrt. Jeder hat dieses göttliche Auge, auch das Dritte Auge genannt. Schenke deine Aufmerksamkeit ganz diesem Licht, denn wenn du dieses Licht in Besitz genommen hast, kannst du es auch anderen schenken.

Ich bin das Licht der Welt. Wer zu Mir kommt, der wird nicht in der Finsternis wandeln. Christus hatte das Licht in Seinem Inneren entzündet, so konnte dieses göttliche Licht durch Ihn weitergegeben werden, und es geschieht und wirkt noch immer: Jesus der Christus hat als Lichtträger auch die Flamme in deinem Herzen entzündet. Beschütze sie vor dem lebendigen Wind des Verstandes und der Täuschungen, und schaue nach ihr. Bringe Licht ins Dunkel!

„Jede Sucht ist eine
Sehn-Sucht nach Liebe!"

In der Schule wurde dir vieles wie Lesen, Schreiben oder Mathematik beigebracht. Nur wie du lieben kannst, wurde dich nicht gelehrt. Du musst das Wichtigste also noch „lernen", nämlich der Liebe zu begegnen, der Liebe in dir zu begegnen, der Liebe, die du bist. Herzensbildung ist der Weg, um der Falle des Verstandes zu entkommen. Die Schule des Lebens dient einzig und allein zur Herzensbildung und alle dürfen daran teilnehmen.

Dieses Buch wurde für diesen Zweck geschrieben. Jeder Mensch sehnt sich nach Liebe, nicht nur die menschliche Liebe, die nur versklavt, sondern die göttliche Liebe, die frei macht. Suche die göttliche Liebe, das Licht des ewigen Lebens, die jedem seine Freiheit lässt, die befreit und erhebt. Wenn du wirklich liebst, dann geschieht Liebe durch dich. Liebe dein wahres SEIN, liebe!

„Lege deine Klugheit
beiseite, denn bloße Worte
werden dich nicht mit Gott
vereinen. Lass dich nicht von den
Weisheiten der Schriften täuschen,
denn Liebe ist etwas anderes, und
denjenigen, der sie wirklich gesucht
hat, hat sie gefunden."

Wolfgang Kubin

*D*ie größte Macht der Menschen ist die Macht der Liebe, die der grenzenlosen Liebe. Die goldene Sonne der wahren Liebe will auch in dir, in deinem Herzen aufgehen und erstrahlen. Das Feuer der ewigen Liebe schmilzt alles Eis dahin. Alles wird gereinigt, damit sich die Unwissenheit im tiefen Urwissen wieder entdecken kann.

Erweise allen Wesen den Dienst, ihnen allen mit derselben Liebe, Güte und Barmherzigkeit zu begegnen. Betrachte deiner Nächsten Not, als wäre es das eigene Leid, und trachte danach, ihr Wohl wie dein eigenes zu mehren. Stelle Liebe, Friedfertigkeit und Harmonie in den Vordergrund, denn nur als bewusster Mensch wirst du das Reich Gottes auf Erden, hier und jetzt schauen. Gott segne dich.

„Jedes Lebewesen
ist eine Liebeserklärung
Gottes an den Menschen!"

Ernesto Cardenal

*D*ie Zeit ist gekommen, wo du dich entscheiden musst zwischen Glaubensbekenntnissen oder der Bruderschaft aller Menschen. Das Allerhöchste hat alles als ein und dasselbe erschaffen. Die verschieden aussehenden Körper tun hier nichts zur Sache, es sind nur die Hüllen des göttlichen Kerns. Seine Nation ist die Einheit, die sich vorübergehend als verschiedene Nationen der Erde zeigt.

Ihr braucht kein neues Glaubensbekenntnis und keine neue Religion. Ihr braucht Menschen, die bereit dazu sind, sich für das Wohl eurer Brüder einzusetzen. Die, die einzig und allein die Liebe zu ihrer Religion erwählt haben, sind die Pioniere des Lichts. Ihr seid ein einziges Volk von Brüdern und Schwestern und ihr wollt frei sein. Im Vertrauen in Gott wird es wahr! Ihr seid Söhne und Töchter der Allmacht, ihr seid die Kinder Gottes, ihr seid Götter und Kinder des Lichts und ihr seid Seine Erben. Gottes Erben und Miterben Christi.

Gott zählt auf dich, weil ER dich liebt. ER liebt dich unermesslich, weil du Sein eigen Fleisch und Blut bist und weil ER in dir ist, durch dich wirkt und als DU lebt! ER ist DU.

„Liebe will nicht.
Liebe kämpft nicht. Liebe wird
nicht – Liebe ist. Liebe sucht nicht.
Liebe fragt nicht. Liebe ist so –
wie du bist!"

Nena

Entscheide dich jeden Tag für Gott und die Liebe. Alles ist heilig und alles ist Gott. Liebe, nur Liebe, ist der einzig richtige Weg. Jede Seele ist ein Tempel des Herrn, jeder Verstand ist die fahle Wohnung des Höchsten, jedes Herz ist das Heiligtum des Göttlichen. Wenn du die Liebe im Herzen hast, hast du den Himmel, das Paradies in dir. Und ER sprach durch Seinen Sohn: „Und wer der Größte unter euch sein will, der sei allen Diener!"

Das höchste, kosmische Gesetz ist die Liebe. Gott ist reine Liebe und du bist reine Liebe. In diesem Bewusstsein der reinsten Liebe ist alles EINS. Ihr seid EINS. Du bist Eins. EINS.

„Das ganze Leben ist nur
eine verschwenderische und
vielfältige Gelegenheit, die uns
gegeben wurde, um das Göttliche
zu entdecken, zu realisieren
und auszudrücken!"

Sri Aurobindo

Das Leben ist wahrlich ein Abenteuer. In jedem Lebewesen glimmt ein göttliches Feuer. Entfache den Funken in dir, damit er zu einer Flamme der selbstlosen Liebe werde. Suche und forsche nach Wahrheit und Erkenntnis. Erwache aus deinem Tiefschlaf, werde dir bewusst, wer du bist und was du nicht sein kannst. Schaue dem Göttlichen, das in deiner Seele schlummert, öffne dich dafür und du wirst Frieden finden.

Das ist nicht der wahre Friede, den dir die Welt gibt, sondern der Friede in dir, der dir das Göttliche schenkt, ist der einzige Friede der Wirklichkeit.

Gott ist allvollkommene, allsehende und allbewusste Realität. ER ist die Quelle allen Lebens und allen Seins. Dieses Bewusstsein ist gegenwärtig in allem, was ist. So seid ihr alle im Schoße Gottes versorgt. Danket dafür und werdet still.

Das einzige geistige
Gesetz, die einzige wahre
Lehre, die über alle Menschen
herrschen wird, heißt: Erkennt euch
als Liebe, damit ihr einander liebt!

In dem Maße, wie du dich selbst liebst, kannst du andere lieben. In dem Maße, wie du dich selbst lebst, kannst du andere leben lassen. Je mehr du im Herzen bist, umso freier bist du. Dein Herz ist immer offen, dein Herz ist immer sich selbst. Sei bereit, um dich in die Liebe zu begeben, dich hinzugeben, dich fallen zu lassen, Liebe auszuteilen und Liebe zu verbreiten. Nur die Liebe kann dich heilen und nur die Liebe wird der Erde Heilung bringen.

Nur die Liebe kann dich und alle Wesen in die Einheit führen. Setze ein Zeichen für die Liebe, für dich selbst und die anderen, die du bist: Die Einheit ist Liebe. OM SHANTI.

„Es gibt nur eine Sprache,
die Sprache des Herzens!"

Sai Baba

Die Liebe spricht durch die Sprache des Herzens. Die Sprache des Herzens ist einfach und sie wird von allen Wesen verstanden. Viele Menschen brauchen Beweise, wissenschaftliche Beweise. Warum, wozu, weshalb? Bist du nicht Beweis genug? Ist das, was du bist, nicht Beweis genug?

Du bist das Wunder aller Wunder. Alles ist wunderbar, alles ist Energie, alles entspringt dem Geist. Das Leben wird aus der Liebe geboren, darum lebe deine tiefe und einzige Wahrheit in Gott. Das ist deine Vision: Gott, ER allein, ist der Sinn deines Lebens. Finde deinen Lebensweg in deinem Herzen, dort ist ER verborgen. Kehre von den Sackgassen ins Leben zurück und gehe den Weg deines Herzens.

Der Verstand sei dein Diener, dein Meister, dein Herz. Mit Liebe und klarem Verstand meisterst du dein Leben. Amen.

„Dein Erbe ist das Himmelreich. Das Himmelreich ist das Paradies in dir. Erkenne."

*F*riede sei mit dir! Im Buch der wahren und göttlichen Liebe findest du Frieden, Glück und Weisheit. Komm zu MIR, du über alles geliebtes Menschenkind: ICH BIN der Weg, die Wahrheit und das Leben. ICH BIN der Meister der Liebe, der den Menschengeist aus seiner Umnachtung löst. Komm, lass dich erhellen. Bei MIR kannst du ausruhen und Unterweisungen empfangen.

ICH BIN der, der dir entgegenkommt, um dein Herz zu beleben. ICH BIN gekommen, um dir das Salz zu sein, um dir wahres Leben zu zeigen. ICH BIN mit Meiner Wahrheit gekommen, denn Liebe ist Weisheit und Gerechtigkeit. Höre, Mein Menschenkind: ICH BIN die Stimme deines Gewissens, hörst du Mich?

ICH BIN der Retter der Menschheit, der Retter deiner Seele. Nichts hat eine größere Bedeutung, als ein Kind Gottes zu sein. AVE!

„Der Mensch ist Licht,
wenn er weiß, dass er Licht ist.
Nur durch Mein Licht allein kann
der Mensch Mich erkennen. Mich
kennen heißt ICH sein. Wenn der
Mensch das Licht kennt, das alle
Dinge an Mich bindet, dann ist
er als ICH EINS mit Mir."

The Divine Iliad

Das Urwissen zu leben, bedeutet, dich als Gott zu erfahren. Es gibt nichts außer Gott. Es gibt nichts Böses. Es gibt nichts Gutes. Es gibt keinen Tod. Es gibt kein Leben. Es gibt nur das ewige Leben. Das ewige Leben ist von Licht und Liebe durchdrungen. Ihr seid alle auf dem Weg ins Licht. Eure Reise ist eine Reise von der Dunkelheit ins Licht.

Die Liebe ist dir der Reiseführer ins Licht. Vertraue der Liebe in dir und deinem inneren Führer, so wirst du schrittweise, leise und sanft ans Licht herangeführt. Gehe deinen Lebensweg liebevoll, geduldig, mitfühlend und achtsam. Ziehe dich öfter in die Stille zurück und meide so lange laute und große Menschenansammlungen, bis dich der Lärm im Außen nicht mehr berührt. Solange dich noch etwas aus der Mitte rücken kann, umgehe es. Es kommt der Tag und du wirst nichts mehr als störend empfinden, weil du in allem nichts außer Gottes Kraft erkennen kannst.

In der Natur kannst du Lebenskraft tanken, verbinde dich mit ihr. Lege dich ihr zu Füßen und lass dich Liebe lehren.

„ICH, dein Gott in dir,
bin Anfang und Ende, Alpha
und Omega. ICH BIN dein
göttlicher Meister, lausche Mir."

*Ö*ffne dein Herz, oh, du Mensch: Die ganze Schöpfung ist ein Gedanke im Geiste Gottes. Die ganze materielle Welt ist nichts anderes als eine Manifestation von Gedanken. Die ganze Schöpfung erzählt von Mir, und ihre Stimme ist die Stimme der Liebe. Ich stärke deinen Geist und erwecke dein Herz. Das Licht Meines Geistes erleuchtet dich und deinen Geist. Nicht die Welt ist Wirklichkeit, sondern Gott allein ist wirklich. ER ist in allem.

Alles Geistige im Universum ist die Quelle des Lichts, sichtbar oder unsichtbar. Dieses Licht ist Kraft, ist Macht, ist Inspiration. Jede Idee entspringt dem Licht und aus allen Worten und Werken entströmt Licht. Möge es auch schon bald aus deinem Herzen strahlen.

„Der Vater, der Sohn und
der Heilige Geist sind dieselbe
Kraft, eine einzige Willens-
kundgebung, nicht drei Personen,
sondern ein einziges göttliches
Wesen, ein einziger Gott."

Gottvater hat keine Gestalt, ER hat keine Begrenzungen. Gott ist der Schöpfer des All-Einen, ER ist das Licht und die Kraft, die das Universum erfüllen. ER ist das Leben, das in allen Wesen zu spüren ist.

Jesus, der Christus, war ein Mensch, der den vermenschlichten Gott allumfassend lebte, ER ist die menschliche Vergöttlichung in dir: Der Mensch stellt die materielle Natur dar, Gott aber zeigt sich durch Seine geistige Beschaffenheit.

Als Körper fühlte und handelte Jesus, der Christus, wie ein Mensch, durch Seine Geistige Kraft aber konnte Sich Gott durch dieses reine Dasein als Sich Selbst erfahren. Gott wirkte durch Ihn uneingeschränkt und voll umfänglich, denn die Reinheit Jesu sprach in seiner Erhellung: „Ich und der Vater sind Eins", und er war Eins mit Ihm. Der Heilige Geist ist die höchste Form, in der sich die Christus-Kraft durch alle Menschen hindurch ausdehnt und durch sie wirkt, es ist die Sprache des Gewissens, die Sprache des Herrn. Der Vater, der Sohn und der Heilige Geist sind Eins, Eins in Gott. Ein einziger Gott, denn alles ist EINS.

„Wer Mich liebt, muss alles,
was Mein ist, lieben, alles lieben,
was Ich liebe! Ich liebe,
was Ich bin."

Der Mensch besteht aus drei Teilen: Körper, Seele und Geist. Wenn diese drei Teile im Einklang sind, dann ist der Mensch in Harmonie mit Gott. Dann wird er nur den einen Willen haben, sich in der Vollkommenheit wieder zu erkennen. Er wird den Willen Gottes leben, denn der Wille Gottes ist Vollkommenheit. Alles ist nach Seinem Ebenbild geschaffen. Das bezieht sich nicht auf den menschlichen Körper, sondern auf den Geist, der Seiner ist. Christus ist die Liebe des Vaters, Christus ist göttlich, Christus ist Liebe. ER ist das ungetrennte Absolute des Göttlichen, des Vollkommenen, des Einen. Ein Beispiel der Liebe und des Mitgefühls sollst du sein, so wirst du zum Vorbild deiner Mitmenschen werden.

Die Liebe ist das Schwert, das Frieden in ihnen schafft, möge unter all den Menschen und Nationen Stille einkehren. Das Schwert durchtrennt die Anbindung des Egos und schärft das geistige Erfassen: „Ich bin nicht gekommen, um dir Frieden zu bringen, sondern das Schwert." Das Schwert ist die Erlösung, es ist die Vollendung, der Gnadenstrom des Lichts.

„Dich heranzutasten an
die Liebe und Liebe zu leben,
wird dich zu Gott führen,
denn Gott ist die Liebe."

Gott schuf den Menschen aus Liebe. Unterscheide nicht zwischen denen, die du liebst. Liebe unterscheidet nicht. Die geistige Liebe, die von Herzen kommt, kennt keine Verschiedenheit, keine Andersartigkeit und sie bevorzugt nicht. Auch du sollst auf deinem Lebensweg die Liebestätigkeit ausüben, die nichts ausschließt und ausgrenzen mag. Du kannst allen Mitmenschen dienen, ihnen Frieden, Hoffnung, Mitgefühl und Freude schenken. Deshalb entscheide dich jeden Tag neu und absolut, den Weg der Liebe zu gehen. Gehe ihn entschlossen und beherrscht, aber gehe ihn vor allem in Freude. Verfestige mit jedem Atemzug die Liebe, den Frieden in dir. Möge alles Leben und Mutter Erde davon berührt und getragen sein.

Es ist wichtig, Gott keinen Moment lang aus den Augen zu verlieren, denn das ist aller Menschen unausgesprochenes Grundbedürfnis. Gott ist die Liebe. Lichtet einander und liebt alles, was Gott liebt, denn dann liebt ihr Gott. So wie Gott Seine Kinder liebt, so sollst du Ihn lieben, in allem, was ist. Liebe, nichts als Liebe.

„ICH BIN Geist, Wesenheit, Licht und Liebe. Wache auf, öffne deine Augen und höre Meine Stimme. Ich spreche zu dir von Geist zu Geist, in der Stimme deines Gewissens!"

Ich bin gekommen im Geist, um Meinen Tempel wieder aufzubauen, einen Tempel ohne Mauern, denn er ist im Herzen des Menschen. Mit dem Schlüssel der Liebe kannst du deine Herzenskammer öffnen. ICH wohne und lebe in dir. Du kannst jederzeit in die Stille deines Herzens eintreten und MEINE Stimme vernehmen.

Ich spreche die ganze Zeit zu dir, hörst du Mich oder bist du nicht still genug, um Mich zu vernehmen? Warum erzeugst du so viel Lärm? Suchst du Mich noch immer außerhalb von dir?

Die Zeit der Zwiesprache von Geist zu Geist ist gekommen, sei offen und bereit! Gott liebt dich über alles, ICH BIN dein liebender Vater-Mutter-Gott!

Und ich bin Hier! Jetzt!

„Habe keine Angst!
Ziehe ein in Mich, wo auch
immer du bist.

Wann immer es still wird in deinem
Herzen, wirst du Mich finden.
Nichts wird uns mehr trennen,
obwohl du niemals von Mir
getrennt gewesen bist. Selbst der
Tod kann uns nicht trennen."

Gott ist nicht mit dir oder in dir, sondern ER ist DU. ER ist dein Selbst. Und doch ist ER mit dir, denn ER ist der, den du liebst, der, dem du vertraust, der, dem du angehörst. ER liebt dich, denn ER wirkt in Seiner erweckenden Pracht in dem, der Ihn sucht, in dem, der Ihn erkennt und in dem, der Ihn ersehnt.

ER ist das Höchste, der einzige Geist allen Lebens.

Es ist natürlich, mit Gott EINS zu sein, denn du stammst von Ihm und du bist ER. Du bist mit Gott in dir als ein Abbild Gottes geboren. Ohne Gott kein Leben. Du hast das Reich des Himmels nie verlassen, du bist zu aller Zeit in IHM. Also, wovor fürchtest du dich? Überlasse alles IHM, denn ER führt dich durch dein Leben, als dein liebender Vater. Freue dich, denn alles ist gut!

„Ein Mensch, der stirbt,
ohne die wahre Liebe zu
kennen, hat überhaupt nicht
gelebt. Und ein Mensch, der die
Liebe kennt, braucht keine weiteren
Leben mehr – er hat die Prüfung
des Lebens bestanden."

Osho

Liebe von da aus, wo du gerade stehst, soviel du kannst und wisse dabei, dass du überall alles gleichzeitig bist. Liebe alles so, wie es ist. Was immer du tust, liebe dich dafür, dass du es gerade tust. Wie, weshalb und warum spielt keine Rolle, denn ER tut es durch dich und es trägt immer die göttliche Gnade in sich. Es gibt nichts mehr zu tun, um erleuchtet zu werden, wenn du dich in allem als Liebe erkennst. Liebe ist die höchste Schwingung im Universum und auch die einzige, aus der heraus alles entsteht. Durch die Liebe zu allen Wesen, zu allem, was ist, schwingst du dich auf höhere Bewusstseinsebenen ein, in das Bewusstsein bedingungsloser Liebe, die du bist.

Du bist EINS mit der Liebe des Universums, entscheide dich hier und jetzt für die Liebe – Liebe zu sein. Die Liebe ist Meine Botschaft an dich und ich gebe sie dir weiter. Unentgeltlich. Denn das ist Mein Sein.

„ICH BIN Mensch geworden,
um ganz Mensch zu sein, denn
was wir Gott nennen, möchte zu
dieser Zeit, an diesem Ort, in dieser
Gestalt, die ICH BIN, über diesen
Planeten wandeln."

Pater Willigis Jäger

*E*s gibt in dir und um dich herum ein Paradies. Es ist das einzige Paradies, das es gibt. Wenn du mit den Flügeln der Liebe schwingst und im höchsten Bewusstsein, in Gott verweilst, dann erkennst du die Schönheit in allem. In allem, was ist, BIN ICH. Um ins Paradies zu gelangen, muss nicht dein Körper sterben, nein, dein Ego muss sterben, damit du leben kannst. Das Paradies ist in dir, hier bei dir, in deinem Herzen. In der Musik, in den Farben, in der Natur. Hörst du den Ton und den Klang der Freude, die immerwährende, lautlose Harmonie der Liebe?

Lausche diesem Weltenorchester, stimme dich ein auf die Schwingungen der allumfassenden Liebe. Alles ist Energie und alles schwingt, sende und versprühe deinen göttlichen Strahlglanz auf den Schwingungen der Liebe. Liebe ist Musik. Musik ist Liebe in höchster Form. Es ist der Klang deines Herzens. Klang ist Liebe, der Ursprung allen Seins.

„Dein Verlangen nach Gott ist
Gottes Verlangen nach dir."

Reshad Feild

Das wichtigste und schönste Geschenk, das du „einem anderen" geben kannst, besteht in deinem eigenen inneren Frieden und in deiner bedingungslosen Liebe. Die äußere Welt kann dir keinen Frieden bringen. Nur in deinem Herzen, in der Stille wirst du Frieden finden.

Wahre Liebe entsteht in dir, in deinem Einheitsbewusstsein. Göttliche Liebe verbindet alle Menschenseelen, alle Tierseelen, die ganze Natur. In der Liebe Gottes ist alles EINS. Gottes Liebe ist nicht fassbar, sie ist unendlich, durch deinen Verstand nicht zu begreifen. Dein Verstand will verstehen und wissen. Lass ihn sein.

„Ich weiß, dass ich nichts weiß!", das sagt dein Herz. Dein Herz ist der Thron Gottes, ER wartet auf dich, ER verlangt nach dir! Sei da!

„Liebe ist der Atem der Welt.
Liebe ist der Atem des Lebens,
Liebe ist der Atem der Gottheit,
und Liebe ist Licht."

Gerda Johst

„Gott, ich bin durch dich", das mögest du erfassen. Verinnerliche es in dir und sei es. Alle Existenz atmet Gott, Gott ist der Atem deines Lebens. Gott ist das Licht und ER ist die Nacht. In Gott ist alles Liebe, ER ist und gibt das Licht und Leben. Tritt ein in die Nacht, damit du im Licht auferstehen kannst. Dunkelheit und Licht sind Eins, so wie Gott und der Mensch Eins sind.

In Gott gibt es keine Trennung. Gott ist die Quelle aller Schätze, aller Mächte. Leerheit gibt es nicht, alles ist ein und dasselbe göttliche Bewusstsein. Gott hört und sieht alles, Ihm entgeht nichts. Sprich mit Ihm, ER ist in dir. ER hört dich, ER liebt dich und bevor sich in dir eine Frage auftut, hat ER dir bereits geantwortet.

ER atmet dich, hörst du es? ER durchlichtet dich, spürst du es? Du bist Licht.

Halte die Gottesverbundenheit lebendig, damit sie nicht verloren geht. Belebe sie wieder, in dir. ICH BIN der ICH BIN.

Mein Herr und mein Gott,
nimm alles von mir,
was mich hindert zu dir.
Mein Herr und mein Gott,
gib alles mir, was mich führet zu dir.
Mein Herr und mein Gott, so nimm
mich mir und gib mich
ganz zu eigen dir.

Nikolaus von der Flüe

$\mathcal{D}$ieses kleine Büchlein bringt dir die Sprache des Herzens näher und belebt deine Sehnsucht nach Mir in dir. Werde dir in deinem alltäglichen Leben bewusst, woher deine Motivation kommt und woraus sie entspringt. Entspringt sie deinem Tun? Kommt sie aus deinem Verstand? Ist es ein Bestreben, eine Absicht oder ein ungestillter Drang, der deinem Herzen entspringt? Der Verstand ist begrenzt, das Herz aber ist grenzenlos. Die Sprache des Herzens verletzt niemanden, sie ist friedlich und heiter, so wie die Sprache der Tiere.

Tiere nehmen dich durch die Sprache des Herzens wahr, Kinder auch – es ist die Sprache der Liebe. Sei wieder unvoreingenommen, heiter und froh wie ein Kind. Ihr seid Kinder, Kinder des Lichts, Kinder der Liebe.

„Wenn durch die Gnade
Gottes das Auge der Seele in
uns geöffnet ist, nehmen
wir überall ein grenzenloses
Sein voll Schönheit, Licht und
Gottesbewusstsein wahr!"

$\mathscr{D}$ie LIEBE sollte jeden Tag und jeden Augenblick deines Lebens erfüllen. Mach das Wort *Liebe* zu deinem Mantra für jeden Tag. Es soll dich behüten, emporheben und begleiten, mögest du mit ihm erwachen und dich mit ihm abends still zur Ruhe legen. Du lebst niemals umsonst oder alleine, wenn dein Gedanke die Liebe ist, denn Liebe ist alles, was zählt! Liebe das, was du bist. Liebe, das bist du. TAT TVAM ASI.

$\mathscr{I}$ch wünsche dir eine lichtvolle, liebevolle und friedvolle Reise durch die Zeit in die Ewigkeit. Das Höchste, die Liebe, sie soll dich begleiten. Sei im Vertrauen und im Herzen in Gott und alles wird gut.

Im Ewigen EINS-SEIN,

deine Allelia Joy

Leserservice

Schön, dass du dieses Buch gelesen hast, um dich darin wieder zu erkennen. Hat es dich deinem Selbst ein Stück nähergebracht oder würdest du dazu gerne Erfahrungen und Erkenntnisse mit mir teilen, so freue ich mich, wenn du mit mir Kontakt aufnimmst.

E-Mail: allelia-joy@iaw.li

Meine Gedanken:

Meine Gefühle:

Meine Gedanken:

Meine Gefühle:

Meine Gedanken:

Meine Gefühle:

Weitere Bücher von Allelia Joy:

What ist love? Was ist Liebe?
Jesus Christus – „Superstar!"

ISBN: 978-3-7504-7194-8

DhyanaYoga/Meditation
Der Weg zu innerer Ruhe und Gelassenheit

ISBN: 978-3-7392-2832-7

**Nichts ist wie es scheint,
das Wesentliche ist unsichtbar: DhyanaYoga -
33 Meditationen für den Alltag**

ISBN: 978-3-8391-9022-7

**Lebe deine wahre Bestimmung:
Nur die Liebe zählt**
Prema Yoga – Yoga der Liebe

ISBN: 978-3-7448-3464-3

Das Testament der Liebe:
Die Alchemie des Herzens

ISBN: 978-3-7481-8454-6